EMG3-0192　STANDARD CHORUS PIECE
合唱楽譜＜スタンダード＞

合唱で歌いたい！スタンダードコーラスピース

混声3部合唱

はじまり

作詞：工藤直子　作曲：木下牧子

●●● 曲目解説 ●●●

　歌詞とメロディーの結びつきが絵画的で、それを音楽として描写することが楽しめる木下牧子先生の名曲です。合唱の醍醐味を味わうことができるこの作品は、繰り返されるテーマをどう変化づけていくかがポイントとなります。美しいハーモニーから生まれる素晴らしい世界を感じて、壮大な音楽を表現しましょう。

【この楽譜は、旧商品『はじまり（混声3部合唱）』（品番：EME-C3079）と内容に変更はありません。】

はじまり

作詞：工藤直子　作曲：木下牧子

© 1996 by ONGAKU NO TOMO SHA CORP., Tokyo, Japan.

はじまり

作詞：工藤直子

畑があり　川があり
また畑があり
森などもあって
畑があり　川があり
ついには　地平線がある

背中をのばして　地平を見つめ
地平の奥の　雲を見つめ
雲の向こうの　青さを見つめ
青さの中の　見えない　星を見つめ
おお
目が痛くなるのだが
何もない　あそこから
何かが　始まっているようだ
光が　かけ抜けた
風が　追い抜いた
空は今　今の今　つき抜けた

忘れたいことがあり
忘れたくないことがあり
わかりたいことがあり
わからないことがあり
でも　しかし　だがしかし
そんなことどもは
まるで　どうでもいいようなふうに
轟々と　地球は　周り続け
あらゆる　生き物の　鼓動を乗せて
轟々と　地球は　周り続け
めまいした　私の前に
相変わらず　畑があり　川がある
光がかけ抜けた
風が　追い抜いた
空は今　今の今　突き抜けた

何もない　あそこから
確かに　何かが　始まっているようだ

エレヴァートミュージックエンターテイメントはウィンズスコアが
展開する「合唱楽譜・器楽系楽譜」を中心とした専門レーベルです。

ご注文について

エレヴァートミュージックエンターテイメントの商品は全国の楽器店、ならびに書店にてお求めになれますが、店頭でのご購入が困難な場合、当社PC＆モバイルサイト・電話からのご注文で、直接ご購入が可能です。

◎ 当社PCサイトでのご注文方法

http://elevato-music.com

上記のアドレスへアクセスし、WEBショップにてご注文ください。

◎ お電話でのご注文方法

TEL.0120-713-771

営業時間内に電話いただければ、電話にてご注文を承ります。

◎ モバイルサイトでのご注文方法

右のQRコードを読み取ってアクセスいただくか、
URLを直接ご入力ください。

※この出版物の全部または一部を権利者に無断で複製（コピー）することは、著作権の侵害にあたり、著作権法により罰せられます。

※造本には十分注意しておりますが、万一、落丁・乱丁などの不良品がありましたらお取り替えいたします。また、ご意見・ご感想もホームページより受け付けておりますので、お気軽にお問い合わせください。